Un Voyage

AU PAYS

de l'Evangile

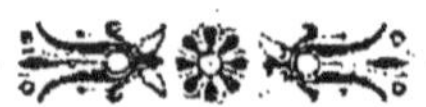

CAHORS

Cᵗᵉ D'IMPRIMERIE CADURCIENNE

—

1907

UN VOYAGE

AU PAYS DE L'ÉVANGILE

Venez donc à moi, vous tous qui travaillez et qui ployez sous le fardeau, et je vous ranimerai !

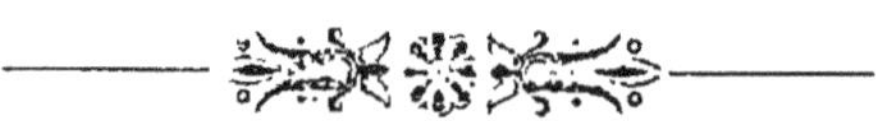

CAHORS

SOCIÉTÉ D'IMPRIMERIE CADURCIENNE

—

1907

QU'ALLONS-NOUS VOIR ?

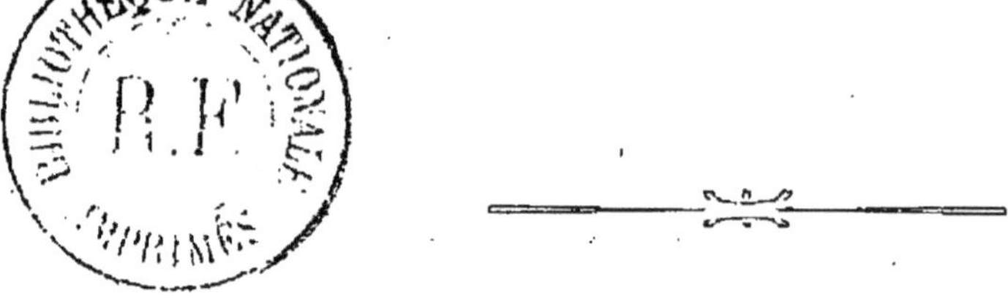

Un tout petit pays, le berceau du christianisme, la Palestine, les villes et villages que Jésus à visités, les terres qu'il a parcourues en prêchant son Evangile, guérissant les malades, et consolant les malheureux.

Ce sera pour nous une occasion d'apprendre ou de rappeler l'histoire du divin fondateur de notre religion, Jésus, le Dieu fait Homme.

La Palestine

La Palestine a à peine l'étendue de deux ou trois de nos départements. Occupée jadis par un peuple célèbre, Israël, dont le rêve était la domination du monde, elle est aujourd'hui entre les mains des Turcs, réfractaires à toute civilisation.

A côté de ruines nombreuses qui couvrent le pays, on trouve des prairies verdoyantes, de belles récoltes en blé et en seigle, des vignes superbes et une très grande variété d'arbres fruitiers.

Pourquoi un pays si modeste attire-t-il sur lui les regards du monde entier ? Pourquoi tant de voyageurs ? Pourquoi tant de livres parlent de lui ?

Parce que cette terre rappelle trop de grandes choses pour qu'on l'oublie. Pendant des siècles ce sol a été occupé par un peuple qui portait en lui le germe de notre civilisation. Tandis que tous les autres peuples adoraient une multitude de dieux à tel point que tout était dieu excepté Dieu lui-même, le peuple juif était resté fidèle au vrai Dieu, unique, qu'il appelait Géhovah. Il y a près de deux mille ans ce Dieu a voulu se montrer aux hommes et il est venu en Palestine dans la personne de Jésus-Christ. C'est là que ce Dieu a vécu pendant 33 ans, c'est là qu'il a prêché cette morale et ce culte qui ont fait notre belle civilisation moderne. C'est là enfin que ce Dieu a prouvé qu'il était Dieu en faisant ce que Dieu seul peut faire : d'un mot guérir les malades, faire entendre les sourds, faire voir les aveugles, réssusciter les morts, se réssusciter lui-même.

La Palestine est pour tout chrétien le berceau de sa foi le pays de l'Evangile, et par suite une seconde patrie.

Qu'est-ce que l'Evangile ?

Il est bon avant de s'embarquer pour le pays de l'Evangile d'avoir une idée bien nette de ce qu'on entend par « Evangile ».

Le mot Evangile signifie « bonne nouvelle » Et quelle est donc cette bonne nouvelle ? La voici : Après la déchéance de l'humanité par la faute originelle, le ciel fut fermé aux hommes Mais Dieu dans sa bonté leur promit un Sauveur qui viendrait racheter leur crime et leur mériter le ciel.

Ce Sauveur fut attendu pendant de longs siècles par le peuple resté fidèle au vrai Dieu. Enfin, comme l'avaient annoncé les prophètes plusieurs siècles auparavant, ce

Messie vint au monde et apporta la délivrance si longtemps attendue. Ce Sauveur est Jésus-Christ, le Dieu fait Homme. Par sa mort douloureuse sur une croix, il nous a ouvert le ciel, et par sa prédication il nous en a indiqué le chemin. Ce qu'a fait et ce qu'à dit Jésus, voilà la « bonne nouvelle » voilà « l'Evangile. »

Quatre contemporains et compatriotes de Jésus-Christ ne se sont pas contentés de prêcher son enseignement. ils l'ont écrit dans quatre livres appelés « évangiles ».

On donne encore le nom d'Evangile à l'ensemble de ces quatre récits qui forment une histoire de Jésus-Christ. Quand aux évangiles contenus dans le paroissien pour être lus à la messe, ce sont des passages extraits des récits racontés par les évangélistes.

Tous les ans des pélerins français se rendent en Palestine. Par la pensée nous allons suivre ces pélerins et visiter le pays où Jésus a accompli ses nombreux miracles et prêché sa doctrine.

Nazareth

Nous nous rendons tout d'abord à Nazareth. Cette ville compte aujourd'hui plus de 7000 âmes. Située au Nord de la Palestine elle est à environ 100 kilomètres de Jérusalem

« C'est une des rares villes qui ait conservé sa physionomie primitive. Sauf deux ou trois constructions modernes qui la déparent, elle est telle qu'elle était lorsque Jésus l'a habitée. On y voit la fontaine où Marie venait chaque jour, puisser l'eau nécessaire à la maison. On y visite des rues qui n'ont pas dû changer d'aspect depuis que Jésus y jouait et où, jeune homme, il travaillait de son état de charpentier. » (1)

____

(1) Satpfer, la Palestine.

Annonciation

Dieu envoya l'ange Gabriel dans une ville de Galilée appelée Nazareth, vers une Vierge, fiancée à un homme de la maison de David, qui s'appelait Joseph.

L'ange, étant entré dans sa demeure, lui dit : « je vous salue, pleine de grâce, le Seigneur est avec vous, vous êtes bénie entre les femmes. »

Marie, à ces paroles, fut troublée ; elle se demandait en elle-même, ce que pouvait être une telle salutation.

« Ne craignez pas, Marie, reprit l'ange. car vous avez trouvé grâce devant Dieu. Voilà que vous aurez un fils, et vous lui donnerez le nom de Jésus. Il sera grand, on l'appellera le Fils du Très-Haut ; le Seigneur Dieu lui donnera le trône de David ; il régnera éternellement sur la maison de Jacob. Et son règne sera sans fin. »

« Mais, dit Marie, j'ai résolu de rester vierge ? »

« Ce sera miraculeusement par la puissance de Dieu que vous aurez cet enfant, répliqua l'ange, aussi sera-t-il appelé le Fils de Dieu. »

Alors Marie répondit :

« Voici la servante du Seigneur ; qu'il me soit fait selon votre parole ! » Et l'ange s'éloigna.

Marie, tout en restant vierge, allait être la Mère, du Sauveur attendu par l'humanité.

Joseph fut averti par un ange du grand honneur qui avait été fait à son épouse, il respecta sa virginité et fut heureux de devenir le père adoptif de cet Enfant en qui la divinité était venue s'unir à l'humanité.

Bethléem

De Nazareth nous allons nous transporter, par notre esprit, à Bethléem où naquit Jésus.

Bethléem est à 9 kilomètres au sud de Jérusalem. La route est belle et, peut être faite facilement à pied. Elle est environnée de vallées fertiles, plantées de vignes et d'oliviers. Elle a environ 6.000 âmes. Elle offre un contraste frappant avec Jérusalem. Autant celle-ci est triste et désolée, autant Bethléem est riante et fertile. Les habitants de cette ville sont grands et bien faits, actifs et intelligents, leurs mœurs sont pures. Ils sont bergers, agriculteurs et surtout commerçants.

Au-dessus de la grotte où est né Jésus, se trouve une église construite depuis des siècles. Sous le chœur de cette église est la grotte, où les catholiques peuvent dire la messe bien qu'elle ne soit pas leur propriété exclusive.

Naissance de Jésus

En l'an de Rome 746 parut un édit de César-Auguste, empereur de Rome, ordonnant le dénombrement universel des peuples qui étaient sous sa domination. Le peuple juif était de ceux-là. Tous allaient se faire inscrire, chacun dans son lieu d'origine.

Joseph, le charpentier, qui était de la famille de David partit donc de Nazareth, ville de la Galilée, et monta ver le pays de Judée, dans la cité de David, appelée Bethléem afin de s'y faire inscrire avec Marie son épouse, qui allait être mère.

Arrivés à Bethléem, ils demandèrent une place dans l'hôtellerie destinée à recevoir les étrangers, mais parce qu'ils étaient pauvres, il n'y eut point de place pour eux. Tout près de la ville ils trouvèrent une grotte creusée dans le roc, servant d'étable aux troupeaux qui paissaient dans les environs. Ils s'y réfugièrent. C'est là qui vint au monde l'Enfant Dieu, le Libérateur de l'humanité déchue, l'auteur de notre belle civilisation chrétienne. Marie enveloppa le

Nouveau-né dans des langes et le coucha sur la paille dans une pauvre crèche.

Apparition des anges aux bergers

Aux environs, des bergers passaient la nuit dans les champs, veillant tour à tour à la garde de leurs troupeaux. Soudain un ange du Seigneur s'arrêta près d'eux ; la gloire de Dieu les environna de sa lumière, et ils furent saisis d'une grande frayeur.

— « Ne craignez point, leur dit l'ange, car voici que je vous annonce une grande joie, pour vous et pour tout le peuple. Aujourd'hui à Bethléem vous est né un Sauveur : c'est le Christ, le Seigneur ! Et voici le signe auquel vous le reconnaitrez : Vous trouverez un Enfant, enveloppé de langes et couché dans une crèche. »

Au même instant, se joignit à l'ange une troupe de la milice céleste. Ils louaient Dieu et disaient : « Gloire à Dieu au plus haut des Cieux, et sur la terre, Paix aux hommes de bonne volonté ! »

Adoration des bergers

Lorsque les anges les eurent quittés, les bergers se dirent entre eux : « Allons jusqu'à Bethléem, et voyons ce prodige qui vient d'arriver et que le Seigneur nous a fait connaître. »

Il partirent, et trouvèrent Marie et Joseph, et l'Enfant couché dans la crèche. Alors se prosternant ils l'adorèrent comme leur Sauveur. Ainsi Jésus qui a tant aimé les pauvres, a voulu que ses premiers adorateurs soient d'humbles bergers. Ils dirent à leurs compatriotes ce qu'ils avaient vu, et tous ceux qui les entendirent furent émer-veillés de ce qu'ils racontaient.

Montagne des Béatitudes

A l'Ouest du lac de Tibériade se trouve la plaine d'Hattine, tristement célèbre par la défaite des croisés français qui mit fin au royaume catholique de Jérusalem en 1187.

Au-dessus de cette plaine s'élève de 50 mètres environ une montagne à double sommet, que les chrétiens appellent « le Mont des Béatitudes ».

C'est là en effet que Jésus prononça un discours, qui contient à peu près toute la morale chrétienne.

Le peu de place ne permettant pas de donner en entier ce magnifique discours, il en sera donné les deux plus beaux passages : les Béatitudes et la Prière.

Les Béatitudes

Jésus, montant vers le haut de la montagne s'assit, ayant autour de lui ses Disciples, et il leur parla ainsi :

« Bienheureux ceux qui ont l'esprit de pauvreté, parce que le Royaume des Cieux est à eux !

« Bienheureux ceux qui sont doux, car ils posséderont la terre ! Ils auront ici-bas beaucoup d'amis.

« Bienheureux ceux qui pleurent, car ils seront consolés !

« Bienheureux ceux qui ont faim et soif de la justice, parce qu'ils seront rassasiés ! Justice absolue leur sera rendue au Ciel.

« Bienheureux les miséricordieux, car ils obtiendront miséricorde !

« Bienheureux les cœurs purs, car ils verront Dieu ! Le Ciel leur est assuré.

« Bienheureux les pacifiques, car ils seront appelés enfants de Dieu !

« Bienheureux ceux qui souffrent persécution pour la justice, parceque le royaume des cieux est à eux !

« **Vous serez heureux lorsque les hommes vous haïront, vous maudiront et vous persécuteront, lorsqu'ils vous sépareront de leur société, et qu'ils vous chargeront d'opprobres, lorsqu'ils proscriront votre nom comme funeste à cause du Fils de l'Homme (Jésus-Christ), et qu'ils diront mensongèrement toute sorte de mal contre vous à cause de moi.**

« Le Disciple n'est pas au-dessus du Maître. Quiconque ressemblera au Maître sera parfait. »

La prière

« En priant ne multipliez pas les paroles comme le font les païens, qui s'imaginent être exaucés à force de paroles. Mais priez du fond du cœur, pensez ce que vous dites. Ne leur ressemblez point, car notre Père sait ce dont vous avez besoin, avant même que vous ne l'imploriez.

« Demandez et il vous sera donné. Cherchez et vous trouverez. Frappez et il vous sera ouvert. Qui demande, reçoit; qui cherche, trouve, et on ouvre à celui qui frappe. Il ne faut donc jamais se décourager.

« Si un enfant demande du pain à son père, qui d'entre vous lui donnera une pierre ? Ou s'il demande un poisson, qui lui donnera un serpent ? Ou s'il demande un œuf, qui lui donnera un scorpion ?

« Si donc vous, bien que mauvais, vous savez donner à vos enfants des choses bonnes, combien plus votre Père, qui est dans les Cieux, nous donnera-t-il ce qui est bon, et surtout le *bon esprit*, quand vous le lui demanderez.

« Or vous prierez ainsi :

« Notre Père, qui êtes aux Cieux, que votre nom soit sanctifié !

« Que votre règne arrive !

« Que votre volonté soit faite sur la terre comme au Ciel !

« Donnez-nous aujourd'hui notre pain de chaque jour !

« Pardonnez-nous nos offenses, comme nous les pardonnons à ceux qui nous ont offensés !

« Et ne nous laissez pas succomber à la tentation !

« Mais délivrez-nous du mal !

« Ainsi soit-il !

Cette prière renferme tout ce que nous devons demander à Dieu, aussi est-il bon que nous la récitions avec beaucoup de confiance tous les matins en nous levant et tous les soirs avant de nous endormir.

Capharnaüm

Du Mont des Béatitudes nous nous rendons à l'Ancienne Capharnaüm située à trois kilomètres du Jourdain au Nord-Est du lac de Tibériade. On n'y trouve plus que des ruines, inhabitées couvrant un vaste espace.

Un grand nombre des miracles opérés par Jésus eurent lieu dans cette ville et ses environs qui furent comme le centre de sa vie de prédication. Nous citerons seulement la guérison du paralytique.

Jésus ayant quitté les bords du lac de Tibériade, se rendit à Capharnaüm. Dès qu'on l'apprit, la multitude accourut si nombreuse, que ni la maison, ni l'espace qui se trouvait devant la porte ne pouvaient la contenir. Jésus était assis et enseignait. Les Pharisiens et les Docteurs de la Loi occupaient des sièges près de Lui ; ils étaient venus de Jérusalem et de toutes les bourgades de la Galilée et de la Judée.

Sur ces entrefaites, arrivent quatre hommes portant un paralytique couché sur un grabat. Ils cherchent d'abord à entrer pour le déposer devant Jésus ; mais impossible à cause de la foule. Un escalier extérieur conduisait à une vaste terrasse située sur le toit de la maison. Grâce à cette disposition, on put porter le paralytique sur cette terrasse. On pratiqua une ouverture au-dessus de la place qu'occupait Jésus et au moyen de cordes, on déposa le paralytique à ses pieds.

Jésus dit au malade : « Aie confiance, mon fils ! tes péchés te sont remis ». Or les Scribes et les Pharisiens pensaient en eux-mêmes : « Quel est celui-ci ?.. Que dit-il ?... Il blasphème !... Qui donc peut remettre les péchés sinon Dieu seul ? »

— « Pourquoi, leur dit Jésus, pensez-vous ainsi le mal au fond de votre cœur ! Lequel est plus facile de dire à un paralytique : « Tes péchés te sont remis, » ou de lui dire : « Lève-toi, prends ton grabat et marche ? » Et bien ! pour que vous sachiez que le Fils de l'Homme (celui qui s'est fait homme) a le pouvoir de remettre les péchés ; « je te l'ordonne, dit-il au paralytique, lève-toi, prends ton grabat et retourne en ta maison ! »

Aussitôt le malade se leva, prit le grabat où il était couché, et, sous les yeux de tous, il s'en alla chez lui glorifiant Dieu.

Saisie de crainte et d'admiration, la multitude louait Dieu d'avoir donné aux hommes une telle puissance ; et chacun répétait avec étonnement : « Aujourd'hui nous avons été témoins de merveilles. Jamais on n'a rien vu de semblable.»

La Mission des Apôtres

Un jour, voyant les foules qui se pressaient autour de lui, Jésus se prit de compassion pour elles, car elles étaient là comme des brebis sans pasteur. Délaissés par les pouvoirs publics, ces malheureux suivaient Jésus qui daignait s'occuper d'eux, car il accomplissait presque tous ses prodiges au profit des pauvres et des malades.

Attristé par la vue de ces infirmes et surtout de ces âmes délaissées, Jésus dit à ses apôtres qu'il venait de choisir : « La moisson est abondante, mais les ouvriers sont en petit nombre, priez donc le maître de la moisson, afin qu'il envoie des ouvriers à sa moisson. »

Les ouvriers étaient les apôtres, au nombre de douze, et la moisson étaient ces âmes nombreuses. Le Sauveur envoie les apôtres vers ces foules pour les instruire et les guérir de leurs infirmités, en attendant qu'il les envoie à la conquête du monde. Mission sublime que les apôtres ont transmise aux évêques leurs successeurs, aidés par les prêtres et les religieux. Voilà pourquoi l'Eglise Catholique, toujours fidèle à sa mission a créé tant d'œuvres pour secourir les malheureux : hôpitaux, asiles de vieillards, sœurs de charité, prêtres de paroisse, missionnaires etc... etc...

Jésus donna donna aux apôtres le pouvoir de chasser les démons et de guérir toute langueur et toute infirmité. Il leur recommanda de prêcher d'abord aux Juifs, plus tard ils prêcheront aux Samaritains et aux païens.

Sur leur chemin ils doivent prêcher en disant : « le royaume de Dieu est proche. » Ils ont reçu gratuitement, qu'ils donnent gratuitement. Qu'ils ne s'occupent point de la nourriture et du vêtement. Leur travail est d'instruire et de guérir les âmes ; le nécessaire pour la vie leur sera fourni par ceux qui jouissent de leur travail.

« Voilà que je vous envoie, leur dit-il encore comme des brebis au milieu des loups. Tenez-vous en garde contre les hommes, car ils vous livreront aux tribunaux. Et vous serez en haine à tous à cause de mon nom ; celui qui persévèrera jusqu'à la fin celui-là sera sauvé. Ne craignez personne, prêchez tout haut ce que je vous ai enseigné. Qui vous reçoit me reçoit. Quiconque donnera à boire seulement un verre d'eau froide à l'un de vous, en vérité je vous le dis, il ne perdra pas sa récompense. »

Après ces exhortations du divin Maître, les apôtres allèrent deux à deux, de ville en ville, pour préparer les foules à recevoir la prédication de Jésus et profiter de ses enseignements.

Bétsaïde

Contournant le Nord du lac de Tibériade à travers ces champs que Jésus parcourait pour annoncer l'Evangile, nous arrivons à Bétsaïde, patrie de St-Pierre. Il ne reste plus de cette ville que quelques ruines habitées par des arabes. C'est dans la vaste plaine aride de Bétsaïde que Jésus nourrit miraculeusement, avec quelques pains et quelques poissons, une foule immense venue pour entendre sa prédication.

Multiplication des pains

Sur les bords du lac de Tibériade, non loin de Bétsaïde, Jésus instruisait les foules qui le suivaient et guérissait les malades qu'on lui apportait.

Or ceci se passait quelques jours avant la Pâque, qui était la grande fête des Juifs.

Les heures s'étaient écoulées, et déjà le jour baissait. Les apôtres s'approchèrent de Jésus et lui dirent :

« Ce lieu est désert, et l'heure est avancée. Renvoyez-les afin qu'ils aillent dans les villages et les hameaux d'alentour, chercher un abri et acheter des vivres. »

— « Cela n'est pas nécessaire, répondit Jésus ; donnez-leur vous même à manger. »

— « Mais, reprirent-ils, allons-nous acheter pour deux cents deniers de pain (un peu plus de 160 francs), afin de nourrir toute cette multitude ? »

Jésus leva les yeux, et voyant combien la foule était grande, il dit à Philippe :

« Où trouverons-nous assez de pain pour nourrir tout ce monde ? »

Il disait cela pour éprouver la foi de l'apôtre, car lui, savait bien ce qu'il allait faire.

— « Combien donc avez-vous de pain ? leur demanda Jésus. Allez et voyez ! »

Lorsqu'ils s'en furent assurés, l'un deux, André, frère de Simon-Pierre, vint lui dire : « Il y a, ici, un jeune homme qui a cinq pains d'orge et deux poissons. Mais, qu'est-ce que cela pour tant de monde ? »

— « Apportez-moi ici ce que vous avez, dit Jésus, et faites asseoir le peuple.

Les Disciples firent asseoir le peuple par groupes de cent et de cinquante. Il y avait là environ cinq mille hommes, sans compter les femmes et les enfants.

Alors Jésus prit les cinq pains et les deux poissons. il leva les yeux au ciel, et, après avoir rendu grâce, il bénit les pains, les rompit et les donna à ses disciples pour les distribuer à la foule.

Il partagea également les poissons et en fit donner à tous autant qu'ils en voulaient. Tous mangèrent et furent rassasiés.

Jésus dit ensuite à ses Disciples :

« Pour que rien ne se perde recueillez les débris qui sont restés. »

Ils ramassèrent ce qui restait des cinq pains d'orge et des poissons, et en remplirent douze corbeilles. En présence d'un pareil prodige, que Jésus venait d'opérer, tous ces hommes disaient: « Oui, c'est là vraiment le Prophète qui doit venir en ce monde ! »

Naplouse

Naplouse se trouve sur l'emplacement de l'antique Sichem que les Juifs appelaient par ironie Sichar, c'est-à-dire ville des ivrognes. C'est une jolie ville de 20.000 âmes environ, située entre Jérusalem et Nazareth.

Tout près de Naplouse on a conservé respectueusement le puits que Jacob donna en héritage à son fils Joseph. C'est auprès de ce puits, « dont l'authenticité est sûre (1) », que Jésus rencontra une femme de Samarie et eut avec elle l'entretien qu'on va lire.

La Samaritaine

Jésus s'assit, pour se reposer un instant, près du puits que Jacob avait légué à son fils Joseph.

Pendant ce temps une femme de Samarie vint puiser de l'eau.

— « Donnez-moi à boire ! » lui dit Jésus.

— « Comment, lui répondit la Samaritaine, vous qui êtes Juif, me demandez-vous à boire ? Ne savez-vous pas que les juifs n'ont aucune relation avec les samaritains ?

— Alors Jésus lui dit d'une voix pleine de bonté : « Si tu savais quel est celui qui te parle, tu aurais été peut-être la première à lui dire : « Donne-moi à boire ! » et il t'aurait donné d'une eau vive. ! »

— « Mais Seigneur, dit la femme, vous n'avez rien pour en puiser, et le puits est profond ! »

Jésus, qui ne parlait pas de l'eau du puits, mais d'une eau surnaturelle, de l'amitié de Dieu, lui répondit : » Quiconque boira de l'eau que je lui donnerai n'aura jamais

(1) Stapfer.

soif, car cette eau deviendra en lui une source jaillissante pour la vie éternelle. »

Après que Jésus eut montré à cette femme qu'il connaissait le triste état de son âme, celle-ci s'écria : « Seigneur, je crois que vous êtes un prophète. »

— « Femme, crois-moi, reprit Jésus, l'heure est proche où ce ne sera ni sur cette montage, ni à Jérusalem que vous adorerez le Père. Mais l'heure arrive, où les vrais adorateurs adoreront le Père en esprit et en vérité ; et c'est de tels adorateurs que veut le Père Dieu est esprit, et ceux qui l'adorent doivent l'adorer en esprit et en vérité. »

En effet le culte des Juifs et des Samaritains était réduit à de pures pratiques où l'esprit n'avait plus de part. Jésus rappelle à la Samaritaine qu'il veut un culte où l'esprit et le cœur accompagnent les actes et les formules de prière, en un mot que l'on pense ce que l'on dit et ce que l'on fait.

Cette femme, en rentrant à la ville, raconta l'entretien qu'elle avait eu avec Jésus. Nombreux furent ceux qui vinrent le trouver et l'invitèrent à demeurer chez eux. Il s'y arrêta deux jours.

Et il y en eut un bien plus grand nombre pour croire en lui après avoir entendu sa parole.

Béthanie

A une heure de Jérusalem, au pied du Mont des Oliviers se trouve le village de Béthanie où Jésus aimait à venir dan a demeure hospitalière de Lazare. Les Arabes appellent ce village : El-Azrich, du nom de Lazare que Jésus ressuscita.

Les pèlerins ne manquent pas de visiter le tombeau, rappelant le miracle de la résurection de Lazare, qui est pour les chrétiens une preuve de la puissance et de la divinité de Jésus.

Tandis que Jésus prêchait à Jérusalem, son ami Lazare tomba gravement malade. Les sœurs de Lazare envoyèrent dire à Jésus : « Seigneur celui que vous aimez est malade. »

A cette nouvelle Jésus répondit aux envoyés : « Cette maladie n'est pas pour la mort, mais pour procurer la gloire de Dieu, afin que le Fils de Dieu soit glorifié par elle. »

Toutefois, malgré la nouvelle de cette maladie, il demeura encore deux jours au lieu où il était.

Au deuxième jour, Jésus dit aux disciples : « Lazare, notre ami, dort. Mais je pars afin de le réveiller de son sommeil. »

— « Seigneur, dirent les disciples, s'il dort, il est sauvé ! » Mais Jésus parlait de la mort de Lazare. Il leur dit alors clairement : « Lazare est mort ! A cause de vous. et pour l'affermissement de votre foi, je suis heureux de n'avoir pas été là. Mais allons à lui. »

Lorque Jésus arriva, on lui dit que Lazare était dans le tombeau depuis quatre jours.

Après avoir consolé Marthe et Marie, sœurs de Lazare, Jésus leur dit : « où l'avez-vous mis ? »

— « Seigneur, venez et voyez, » lui répondit-on.

Et Jésus pleura. « Voyez comme il l'aimait ! » dirent alors les juifs qui étaient venus consoler les sœurs de Lazare. Mais. reprenaient certains, ne pouvait-il pas empêcher qu'il mourût, lui qui a ouvert les yeux de l'aveugle-né ? »

Frémissant de nouveau en lui-même, Jésus alla jusqu'au tombeau. C'était une grotte dont l'entrée était fermée par une pierre.

— « Otez la pierre », dit-il. Marthe s'écria : « Seigneur il sent déjà ! Voilà quatre jours qu'il est mort ! » — « Ne t'ai-je pas assuré, reprit Jésus, que si tu crois, tu verras la gloire de Dieu ? » Ils ôtèrent donc la pierre. Alors Jésus levant les yeux au ciel ; « Mon Père ! je vous rends grâce de ce que vous m'avez exaucé. Pour moi, je savais bien que vous m'exaucez toujours. Si je parle ainsi c'est à cause de ce peuple qui m'entoure, afin qu'il croie que c'est vous-même qui m'avez envoyé. »

Après ces paroles il s'écria d'une voix forte : « Lazare, viens dehors ! »

Et aussitôt Lazare sortit, les pieds et les mains liés de bandelettes, et le visage enveloppé du suaire. — « Déliez-le et laissez-le aller », dit Jésus.

Beaucoup de ces Juifs qui avaient été les témoins du miracle de Jésus, crurent en lui.

— « Qu'allons-nous faire ? se demandaient cependant les Pharisiens. Cet homme accomplit une multitude de miracles. Si nous le laissons ainsi, tous croiront en lui ! »

La conclusion logique était : donc il faut y croire. Mais alors tout leur prestige serait perdu. Et ils aimèrent mieux résister à Dieu que de renoncer à leur domination.

C'est ainsi que de nos jours, certains croient à la vérité de notre religion, mais affectent de ne pas y croire.

A partir de ce jour, nous dit l'apôtre-évangéliste Saint-Jean, les Pharisiens ne pensèrent plus qu'à faire mourir Jésus.

Jérusalem

Nous arrivons enfin à Jérusalem, la ville Sainte. Elle compte environ 60.000 habitants. Son enceinte est munie de nombreuses tours et défendue par un fossé dans une partie de sa face nord. La forme de la ville est celle d'un carré irrégulier ayant près de quatre kilomètres de pourtour.

C'est la ville des souvenirs et non une ville d'industrie

et de mouvement ; et des tombeaux vides rappellent les scènes évangéliques qui ont eu lieu à Jérusalem.

Une immense église, de construction très irrégulière, dont les premières bases ont été jetées sur l'ordre de l'empereur Constantin au IV⁰ siècle, recouvre le Calvaire, et le tombeau où Jésus fut enseveli : c'est le Saint-Sépulchre.

On conserve le Cénacle où Notre Seigneur fit la Pâque. On a essayé de retracer la route que Jésus avait suivie pour aller au Calvaire. On vénère encore le lieu où Jésus tomba en agonie, et celui où il fut trahi par Judas.

Entrée triomphale de Jésus à Jérusalem
(Les Rameaux)

Depuis la résurection de Lazare, la renommée de Jésus s'était répandue dans toute la région de Jérusalem. On ne parlait plus que du Prophète. Comme les fêtes de Pâque approchaient, on apprit enfin la nouvelle que Jésus approchait, et quelques Juifs plus zélés allèrent le rejoindre à Béthanie.

Sur l'ordre de Jésus deux de ses disciples avaient été à Bethphagé, chercher une ânesse et son ânon. Les apôtres enthousiasmés à la vue de cette foule qui se pressait auprès du Maître comme auprès d'un vainqueur, mirent leurs manteaux sur le dos de l'ânon, y firent monter Jésus et se mirent à l'acclamer par ces cris : « *Hosanna* au Fils de David ! » La foule suivit l'exemple des apôtres et les cris d'allégresse redoublèrent : « *Hosanna* au Fils de David ! Bénit soit celui qui vient au nom du Seigneur, le roi d'Israël ! » Chacun se fit un devoir d'étendre son manteau sur le passage de Jésus, suivant l'usage oriental pour la réception d'un protecteur. On portait des palmes à la main et on jonchait la route de branches d'olivier.

Le Sauveur s'avançait, assis sur la monture des rois

d'Israël; ses apôtres et son ami Lazare étaient à ses côtés, tandis que la foule le précédait ou le suivait en chantant « *Hosanna* au Fils de David ! Bénit soit celui qui vient au nom du Seigneur! *Hosanna* au Fils de David! Paix et gloire au plus haut des Cieux ! »

Jésus entra ainsi à Jérusalem et se rendit au temple d'où pour la seconde fois il chassa les vendeurs qui profanaient le lieu saint.

La Cène

(Institution de la Sainte-Eucharistie et du Sacerdoce catholique)

Le premier jour des azymes (le Jeudi saint), les disciples dirent à Jésus : — « Où voulez-vous que nous allions préparer le repas de la Pâque ? »

Jésus envoya deux de ses disciples, Pierre et Jean : — « Allez à la ville leur dit-il. En y rentrant vous trouverez un homme portant une cruche d'eau. Suivez-le jusqu'à la maison où il se rendra ; quelque part qu'il entre vous direz au maître de la maison : « Voici le message du Maître : Mon temps est proche ; c'est chez toi que je ferai la Pâque avec mes disciples. Où est la salle où je pourrai manger avec eux l'agneau pascal ? »

— « Alors il vous montrera un grand cénacle (salle) orné de tapis : préparez-y ce qu'il nous faut. »

Ils allèrent donc à la ville, comme Jésus le leur ordonnait ; ils trouvèrent toutes choses, comme il l'avait annoncé ; et ils préparèrent la Pâque.

Le soir venu, Jésus arriva. On mangea les herbes amères qui rappelaient les vicissitudes des Hébreux en Egypte; le pain sans levain en souvenir des pains non levés que les Hébreux avaient fait cuire à la hâte, et l'agneau rappelant la délivrance d'Egypte.

Le repas durait encore quand Jésus prit du pain, et, après avoir rendu grâce, il le bénit, le rompit et le donna à ses disciples en disant :

« Prenez et mangez : *Ceci est mon Corps*, qui est livré pour vous. Quelque temps auparavant dans la synagogue de Capharnaüm Jésus avait promis aux Juifs de leur donner sa chair à manger, et ceux-ci se scandalisèrent, ne comprenant pas comment cela pourrait se faire. Maintenant par sa puissance divine Jésus a changé un morceau de pain en son corps et il le donne à manger à ses disciples. C'est là un mystère devant lequel nous devons nous incliner parce que rien n'est impossible à la puissance de Dieu.

De même prenant la coupe du vin, Jésus rendit grâce, la bénit et la présenta à ses disciples en disant :

« Buvez-en tous, car *Ceci est le calice de mon sang*, le sang de la nouvelle alliance, qui sera répandu pour vous et pour un grand nombre, en rémission des péchés.

Jésus ajouta ensuite :

— « *Faites ceci en mémoire de moi.* » C'est-à-dire, ce que je viens de faire, je vous donne le pouvoir de le faire vous-mêmes, et cela non seulement à vous, mais encore à tous vos successeurs à qui vous transmettrez ce pouvoir. Les apôtres après avoir reçu le corps et le sang du Sauveur, devenaient les premiers évêques et les premiers prêtres.

Après l'institution de la Sainte-Eucharistie, Jésus prononça un magnifique discours où il donna ses derniers conseils, puis se rendit au jardin de Gethsémanie où il fut livré à ses ennemis par le traître Judas.

Agonie de Jésus et sa trahison par Judas

Au pied du Mont des Oliviers, se trouvait une villa, avec un jardin, du nom de Gethsémanie, Jésus y entra avec ses disciples. Comme il y venait souvent prier avec eux, ce lieu était connu de Judas qui allait le trahir.

Alors Jésus dit à ses Disciples :

— « Asseyez-vous ici, pendant que j'irai plus loin, pour prier. Priez vous-mêmes pour ne point succomber à la tentation »

Il prit seulement avec lui Pierre, Jacques et Jean ; et il commença à être saisi d'effroi et de dégoût, de tristesse et d'angoisses.

« Mon âme est triste jusqu'à la mort, disait-il ; demeurez ici et veillez avec moi. »

Puis, il s'éloigna d'eux, à la distance d'environ un jet de pierre, et, s'étant agenouillé, la face contre terre il pria pour que s'il se pouvait, l'heure qui allait venir passât loin de lui.

— « Mon Père, disait-il, s'il est possible ! et tout vous est possible, éloignez de moi ce calice ! Cependant que votre volonté se fasse et non la mienne ! »

Il interrompit sa prière pour aller vers ses disciples ; il les trouva endormis, accablés par la tristesse.

— « Simon, tu dors ! » dit-il à Pierre.

Puis s'adressant aux deux autres : « Ainsi, vous n'avez pu veiller une heure avec moi... Levez-vous, veillez et priez pour ne pas entrer en tentation ; car, si l'esprit est prompt, la chair et faible. »

De nouveau il s'éloigna et reprit la même prière. Et cela pendant trois fois, et trois fois il trouva ses disciples endormis. — « Levez-vous !... Allons !... leur dit-il, celui qui doit me trahir approche !...

Le traître Judas arriva, accompagné de soldats, armés de bâtons, « Celui que je baiserai, avait dit Judas aux soldats, c'est lui, saisissez-le ! » Judas s'approcha de Jésus et lui dit : « Salut, Maître !... » Et il le baisa. « Ami, lui dit Jésus qu'es-tu venu faire ?... Judas !... Tu trahis le Fils de l'Homme par un baiser !... »

Les soldats se jetèrent sur Jésus, lui lièrent les mains, et le conduisirent devant le Prêtre, Anne. Anne, était le beau-père de Caïphe, Grand-Prêtre de cette année-là.

Le pontife interrogea Jésus sur ses disciples et sur sa doctrine. « J'ai parlé publiquement, répondit Jésus. Interrogez ceux qui m'ont entendu ; ceux-là savent ce que j'ai dit. »

Anne ordonna que Jésus fut conduit, avec ses chaines, au Grand-Prêtre Caïphe.

Jésus devant Caïphe

On cherchait contre Jésus un faux témoignage pour le faire mourir, et on n'en trouvait pas. Alors le Grand-Prêtre lui posa cette question :

— « Est-tu le Christ ? Le Fils du Dieu béni ! Dis-le nous ! Je t'en adjure par le Dieu vivant ! » — « Tu l'as dit, je le suis ! répondit Jésus. Et je vous le déclare, vous verrez un jour, le Fils de l'Homme assis à la droite du Père, et venant sur les nuées du ciel. »

— « Il a blasphémé ! s'écrie le Grand-prêtre. » Et tous de répondre : « Il mérite la mort ! »

Jésus devant le Sanhédrin

A la naissance du jour du Vendredi Saint, Jésus fut conduit devant le Sanhédrin, tribunal composé de 72 membres : Ils voulaient à tout pris le condamner à mort. Ils lui dirent :

— « Déclares-nous si tu es le Christ ? »

— « Si je vous le dis, vous ne le croirez point, répondit Jésus. Si, à mon tour, je vous interroge, vous ne me donnerez point de réponse et ne me rendrez point la liberté. »

— « Tu es donc le Fils de Dieu ? » lui dit-on.

— « Vous le dites, je le suis ! » repondit Jésus.

Jésus devant Pilate

Le Sanhédrin, ne pouvant prononcer une sentence de mort, envoya Jésus devant Pilate, gouverneur de Jérusalem au nom de l'empereur de Rome.

Après avoir questionné Jésus, Pilate répondit : « je ne trouve en cet homme aucun sujet de condamnation. » Et ayant appris que Jésus était de Galilée, il l'envoya chez Hérode gouverneur de cette province, qui se trouvait à ce moment à Jérusalem.

Hérode posa à Jésus une multitude de questions. Mais celui-ci ne répondit rien.

Or les Princes des Prêtres et les Scribes se tenaient là, debout, ne se lassant pas d'accuser Jésus.

Hérode fit affubler Jésus d'une robe blanche et s'en amusa. Puis il le renvoya à Pilate.

Pilate fit approcher les Princes des prêtres, les magistrats et le peuple, et leur adressa ces paroles :

« — Vous m'avez présenté cet homme, comme soulevant la nation ; voilà cependant que je l'ai interrogé devant vous et je n'ai trouvé en lui aucun sujet de condamnation pour les choses dont vous l'accusez. Hérode, à qui je vous ai renvoyés, n'a rien relevé non plus. Il n'y a donc rien d'établi contre lui, qui mérite la mort. C'est pourquoi je vais lui faire infliger un châtiment et le mettre ensuite en liberté. » Il ajouta « C'est la coutume que je vous délivre un prisonnier à la fête de Pâque. Lequel voulez-vous, du malfaiteur Barabbas ou de Jésus qu'on appelle le Christ ? »

Mais les Princes des prêtres et les anciens avaient travaillé le peuple, et l'avaient excité à réclamer l'élargissement de Barabbas et la mort de Jésus. Aussi quand le gouverneur renouvela sa question :

« Lequel des deux voulez-vous que je vous délivre ? »

Ce fut une explosion unanime dans la foule :

« Nous voulons Barabbas. »

— « Mais que ferai-je de Jésus ? » répliqua Pilate. Tous redoublèrent leurs cris :   « Qu'il soit crucifié ! »

— « Mais enfin, quel mal a-t-il donc fait? » insista le gouverneur.

Les Juifs criaient toujours plus fort: «Qu'il soit crucifié!»

Alors Pilate, voulant donner satisfaction au peuple, fit élargir Barabbas, le prisonnier rebelle et assassin qu'ils réclamaient, et leur abandonna Jésus. Les soldats prirent Jésus, l'attachèrent à une colonne et le frappèrent à coups de fouet jusqu'au sang.

Ils lui mirent ensuite un manteau écarlate sur les épaules, une couronne d'épines sur la tête, un roseau entre les mains et se moquèrent de lui. Alors Pilate présenta Jésus au peuple en disant :

« Voilà l'Homme ! »

— « Crucifiez-le ! Crucifiez-le ! » s'écria la foule.

— « Prenez-le donc vous-mêmes et crucifiez-le ! s'écria Pilate. Quant à moi, je ne le trouve nullement condamnable. » — « Nous avons une loi, répliquèrent les Juifs, et d'après cette loi, il mérite la mort ! puisqu'il se donne comme le Fils de Dieu ! »

Pilate aurait voulu délivrer Jésus, car il savait bien qu'on réclamait sa mort par vengeance et non par justice. Mais il était un de ces fonctionnaires lâches préférant l'accomplissement d'un crime à la perte de sa place. Il dit alors en se lavant les mains devant le peuple : *« Je suis innocent du sang de ce juste, vous en répondrez! »* Et il ordonna qu'il fut fait selon la volonté des Juifs. Il leur abandonna Jésus pour être crucifié.

Supplice de Jésus

Jésus chargé d'une lourde croix se mit en marche vers le lieu appelé Calvaire. Après lui marchaient deux assassins qui allaient subir la même peine. Une foule immense suivait, ainsi que des femmes qui pleuraient. Après plusieurs chutes et plusieurs rencontres, Jésus arriva au Calvaire. Là, on lui présenta une coupe de vin mêlé de myrrhe et de fiel. Les bourreaux, le dépouillèrent de ses vêtements et le clouèrent à la croix... On était vers midi. Ils crucifièrent avec lui deux voleurs, l'un à sa droite, l'autre à sa gauche et Jésus au milieu. Ainsi s'accomplit la parole de l'Ecriture: « Il a été mis au rang des scélérats. »

Les soldats partagèrent les vêtements de Jésus et tirèrent sa robe au sort.

Les accusateurs de Jésus blasphémaient contre lui en disant : « Il a sauvé les autres et ne peut se sauver lui-même. »

Le bon larron demande à Jésus de se souvenir de lui dans son royaume, tandis que l'autre condamné se moque du divin crucifié.

Enfin avant de mourir Jésus confie sa mère à Saint-Jean en lui disant : *« Voilà ta mère ! »*

Vers trois heures de l'après-midi les ténèbres se répandirent sur le monde entier. Le soleil avait perdu toute sa clarté. Et Jésus rendit le dernier soupir en disant : *« Tout est consommé !... Père ! je remets mon âme entre vos mains ! »*

Vers six heures, avec l'autorisation de Pilate, Joseph d'Arimathie, disciple de Jésus, enleva le corps du divin Maître et le déposa dans un tombeau creusé dans le roc, qu'il possédait près du Calvaire. A la demande des Princes des prêtres, sur l'ordre de Pilate. une escorte de soldats garda le tombeau dans la crainte que les apôtres n'enlevassent le corps de Jésus.

Résurrection de Jésus

Voici qu'au matin du troisième jour (Pâques) il y eut un violent tremblement de terre. Un ange du Seigneur descendit du ciel, s'approcha de la pierre, la renversa et s'assit dessus. Son visage brillait comme l'éclair, son vêtement resplendissait comme la neige. Frappés de terreur et d'épouvante, les gardes étaient comme morts. Jésus n'était plus dans le tombeau. Il était ressuscité.

Apparition de Jésus à Marie-Madeleine

Marie-Madeleine, ayant trouvé le tombeau vide, regardait autour d'elle, quand Jésus, s'approchant, lui dit: « Femme, pourquoi pleures-tu ? qui cherches-tu ? » Celle-ci ne le reconnut point et pensant que c'était le jardinier elle répondit : « Si c'est vous avez enlevé mon Seigneur, dites-moi où vous l'avez mis. et j'irai le prendre ! » Jésus lui dit: « Marie!... » Alors celle-ci, reconnaissant la voix de Jésus, s'écria en se précipitant vers lui : « O Maître ! » — « Ne me touches pas ! » reprit Jésus. Et il disparut car son corps ressuscité se transportait d'un lieu à un autre à la façon des esprits.

Apparition de Jésus aux apôtres

Le soir de Pâques Jésus apparût tout à coup au milieu des apôtres et leur dit: « La paix soit avec vous! C'est Moi!... Ne craignez point! » Après avoir causé avec eux, il leur dit : « Comme mon Père m'a envoyé, ainsi je vous envoir. »

Ensuite il soufla sur eux et il ajouta : « Recevez le Saint-Esprit. *Les péchés seront remis à ceux à qui vous les remettrez; ils seront retenus à ceux à qui vous les retiendrez.* »

Thomas n'étant pas présent, ne voulait pas croire à la résurrection de Jésus.

Huit jours après Jésus apparut de nouveau au milieu des apôtres, Thomas étant présent. — « La paix soit avec vous ! » dit il. Puis s'adressant à Thomas : — « Vois les plaies de mes mains et de mes pieds. Vois mon côté ouvert et ne sois plus incrédule. »   « Mon Seigneur et mon Dieu ! » s'écria Thomas ! Bienheureux ceux qui n'ont point vu et qui ont cru ! »

Après avoir donné cette leçon à l'incrédule Thomas, Jésus se retira.

Emmaüs

C'est un tout petit village situé à une heure de marche au nord de Jérusalem. Il porte aujourd'hui le nom de Kolonieh.

C'est dans ce village que Jésus apparût à deux de ses disciples, le soir du jour de Pâques.

Ils rentraient chez eux, s'entretenant de ce qui venait de se passer. Jésus, ressuscité, les réjoignit et se mit à causer avec eux. Ils ne le reconnurent pas, car le croyant mort, ils ne pouvaient pas s'attendre à lui parler.

Arrivés à Emmanüs Jésus feignit d'aller plus loin. Mais ils l'invitèrent à rester avec eux. Il accepta.

Pendant qu'ils étaient à table, il prit du pain et le bénit ; puis l'ayant rompu il le leur présenta comme il l'avait fait à la dernière Cène. Alors il le reconnurent. Mais il disparut à leurs regards. Et ils se disaient l'un à l'autre : « N'est-il pas vrai que notre cœur était tout brûlant en nous-mêmes, lorsqu'il nous parlait en chemin, et qu'il nous révélait le sens des Ecritures ? »

Se souvenant alors des paroles que Jésus avait dites : je réssusciterai le troisième jour, ils se dirent : « le Maître est réssuscité. » Et se levant sur l'heure même, ils retournèrent à Jérusalem pour annoncer la nouvelle aux autres disciples.

Le Mont des Oliviers

La montagne des Oliviers, est distante de Jérusalem de quelques kilomètres seulement. Au sommet se trouve un petit village arabe. De là on peut contempler la vaste vallée de Josaphat et toute la ville de Jérusalem avec ses vieilles fortifications. On peut voir dans ce village un temple mahométan, ancienne église chrétienne, élevée par l'impératrice Sainte-Hélène, au lieu de l'Ascension de Jésus.

Après ses nombreuses apparitions aux apôtres, aux saintes femmes, et à plus 500 disciples en Galilée, Jésus allait quitter la terre pour revenir au Ciel. Quarante jours après sa résurrection, Jésus conduisit ses disciples hors de Jérusalem, dans la direction de Béthamie. Arrivé sur le Mont des oliviers, il leva les mains et les bénit. Et tandis qu'il les bénissait il monta au ciel en leur présence. Bientôt une nuée vint le dérober à leur regard, et il entra dans le ciel. Alors après s'être prosternés dans l'adoration ils quittèrent le Mont des oliviers, et rentrèrent à Jérusalem, l'âme inondée de joie. Là, ils attendirent, dans le recueillement et la prière la venue du Saint-Esprit promis par Jésus, qui eut lieu dix jours après, le jour de la Pentecôte.

CONCLUSION

En quittant ce pays si célèbre, voyons un peu, quel a été le résultat de la prédication de Jésus, c'est-à-dire de l'Evangile.

Avant la venue de Jésus, seul le peuple juif adorait un seul Dieu, et sa morale bien que supérieure était loin d'être parfaite. Chez les autres peuples avaient lieu des scènes dont le seul récit aujourd'hui nous effraye.

Plus des deux tiers des habitants des pays civilisés étaient plongés dans l'esclavage. Ces pauvres esclaves étaient à la merci du caprice de leur maître. Ils étaient vendus, séparés de leur femme et de leurs enfants, frappés, tués sans pitié. Des hommes appelés gladiateurs étaient condamnés à s'entre-tuer pour amuser le peuple démoralisé. Un contemporain de ces faits nous rapporte qu'à Rome plus de dix mille hommes périrent en 23 jours. Les enfants étaient massacrés sans pitié par leurs propres parents. La femme était l'esclave de son mari qui pouvait la jeter à la rue sous le moindre prétexte. Quant aux pauvres, aux malades, aux malheureux de toute sorte, personne ne pensait à eux. Ils n'avaient qu'un bien à attendre : la mort. Où trouver un remède pour guérir des maux si horribles ?

Les savants n'étaient pas écoutés. C'était la ruine de la société.

Mais les apôtres sont arrivés, portant les enseignements

de Jésus. Et ce que tous les savants de l'époque ne purent faire. 12 pécheurs ignorants l'ont fait avec l'Evangile. Ils ont proclamé l'unité de Dieu, l'égalité des hommes devant Dieu, la dignité de la femme, et la grandeur de l'âme humaine.

Les papes et les évêques successeurs des apôtres ont continué à prêcher les principes moraux de l'Evangile. Lentement et avec sagesse ils ont supprimé l'esclavage. Ils ont rétabli la famille par le marige indissoluble. Ils ont fait respecter l'enfant en proclamant la valeur de son âme. Ils ont enfin secouru la misère en obligeant les riches à faire l'aumône, en créant des hôpitaux pour les malades et des maisons de refuge pour les orphelins et les vieillards.

Voilà quelle a été l'œuvre de l'Evangile à travers les siècles.

Que l'Evangile soit donc la base de notre conduite. Introduisons-le dans nos familles chrétiennes et lisons-le, un peu tous les soirs ou au moins tous les dimanches. Ce que nous ne comprenons pas laissons-le, nous en demanderons les explications à un prêtre.

Allons, catholiques, secouons notre négligence, reprenons l'Evangile, lisons-le et pratiquons ses enseignements.

Nil obstat quin typis mandetur.

Cadurc. 30 Aprilis 1907.

H. ARLET, Vic. gén.